U0443307

| 心得帖丛书 |

松下幸之助的"成功捷径"

[日] 松下幸之助 著

艾薇 译

经営のコツここなりと
気づいた価値は百万両

経営訣竅

人民东方出版传媒
People's Oriental Publishing & Media
东方出版社
The Oriental Press

作者简介

[日]松下幸之助

Panasonic（原松下电器产业）集团创始人，PHP研究所创办者。1894年，出生于日本和歌山县。9岁时，独自一人到大阪当学徒，后就职于大阪电灯株式会社。1918年，23岁时创建了松下电气器具制作所。1932年，意识到产业人的真正使命，产生了自己的经营哲学。1935年，制作所改名为松下电器产业株式会社。1946年，以"Peace and Happiness through Prosperity"（通过繁荣实现和平与幸福）为理念，创办PHP研究所，开始了PHP运动。1979年，兴办松下政经塾。1989年去世，享年94岁。代表作《天心：松下幸之助的哲学》。

前　言

　　于我而言，无论世道如何艰难困苦，总有办法推动企业发展，使经营蒸蒸日上。所谓的"乱世"不过是时代的转型期，即使眼下问题频繁，难题层出不穷，解决的方法其实成千上万。

　　然而为了及时找出合理的应对之策，重要的是要掌握生意的诀窍和经营的关键。空有一腔热情，工作却未必能够成功。只有在牢牢掌握商业和经营诀窍的基础上拼命努力，才能应对变化无常的严峻形势，把混乱的时局和各种困难转换为全新的发展机遇。正如本书小节标题一样，生意和经营的诀窍价值甚至超过百万。

　　几十年的商场打拼中，我对掌握生意和经营诀窍的重要性深有体会，本书就是我个人经验的结晶。当然这些诀窍大多基于我的自身经历和想法。时至今日，商业环境越发严峻，如果本书能对不同岗位上夜以继日努力的各位同人有所帮助，我将不胜荣幸。

松下幸之助
1980 年 3 月

目 录

第1章　生意的诀窍，经营的诀窍

下雨就要打伞　/ 003

带头示范，带动部下　/ 007

刻意地培养人才不会成功　/ 011

找个"冠冕堂皇的借口"　/ 015

第二代继承人的胜负取决于心底的热忱　/ 019

世上没有亏本的生意　/ 021

景气好，不景气更好　/ 024

中小企业调动员工100%以上的能力　/ 028

放手又不完全放手　/ 031

人事的破格提拔需要亲自护航　/ 034

直觉可靠吗　/ 037

会议大多效率低下　/ 040

先买的人是进步的贡献者　/ 043

合格的采购员既会砍价又被信任 / 046

社长不是军师 / 049

提升经营能力 / 052

通过经营，开创新时代 / 055

经营也要"八分饱" / 058

打造人尽其用的社会 / 062

力求聚集众人智慧 / 065

发展不顺的原因在于自己 / 069

员工没有梦想是经营者的失职 / 072

领悟经营诀窍，价值堪比百万 / 074

第 2 章　经营者心得

经营者承担全部责任 / 083

平稳无事的一天也能有所收获 / 085

经营不是变魔术 / 088

经营者是员工瞩目的焦点 / 091

以永不退缩的决心开辟坦途 / 093

紧急情况下能否向员工筹款 /096
你愿意为部下牺牲吗 /099
不断激励自己 /101
烦恼才是经营者的价值所在 /103
左手政治，右手经营 /106
生意没有困境 /109
人生大戏的主人公是自己 /112
体弱和长寿是两回事 /116
青春是心灵的年轻 /119

后 记 /123

第1章

生意的诀窍，经营的诀窍

下雨就要打伞

大约20年前，我刚刚卸任松下电器社长一职、转任会长不久，一位新闻记者专程来采访我，他问道：

"松下先生，贵公司发展一直非常迅速，您能告诉我其中的秘诀吗？"

虽说是发展秘诀之类的常见问题，但我没有直接回答，反而问了那位年轻记者一个问题：

"如果下雨了，你会怎么办？"

可能问题相当出乎意料，对方一脸惊讶，似乎犹豫了一会儿，最后认真地说出了我想要的答案：

"下雨了我会打伞。"

"就是这样,下雨了就要打伞,这就是松下发展的秘诀,也是我做生意和经营企业的诀窍。"

20年后的今天,我的想法一点也没有改变。下雨就要打伞,这样才不会被淋湿。这是一种顺应天地自然之理的态度,是再普通不过的常识,简单易懂。在我看来,如果做生意和经营企业有诀窍,那一定是将习以为常的小事做到极致。

具体来说,比如一种商品的进价是100日元,根据商品性质和当时的市场情况适当加上利润,一般来说标价120日元出售比较合情合理,这就是"下雨就要打伞"的商场常识。此外,商家还要注意及时回收欠款,行情不好时不要勉强,稍微休息一下再努力,之后加倍付出就好。这些理所当然的平凡小事顺应的正是"下雨就要打伞"的道理，只有脚踏实地践行这些小事，才能获得生意和经营的成功。

下雨就要打伞的道理尽人皆知。不打伞任凭雨水淋湿，生活中只有怪人才会这样做。但是这么简单的道理，到了生意场上，应用到企业经营中，却变得格格不入。经营者因为一己私利而错误判断，下雨却不打伞的事情经常发生。

比如有的商家为了在激烈的竞争中获胜，故意将100日元购入的东西以95日元出售，或者不注意回款，听了对方一面之词就延迟回款，从其他地方拆借资金等，这样的情况在实际生活中比比皆是，生意也不可能顺利持久。为了合理赢利，标价不能低于进价，借款之前应当先回款，资金确实有缺口再去借款，这才是"下雨就要打伞"、遵循天地自然之理的经商之道。

人们往往认为这些道理说起来容易，做起来更简单，一切理所当然。正因为这些道理简单而且理所当然，所以我们更要适时而动，妥善行事，这就是我做生意和经营企业的秘诀。

我向那位记者介绍了自己的观点，对方似懂非懂，这也成了一段笑谈。其实除了生意场，这个道理也适用于世间万物吧。

带头示范，带动部下

假如一项工作有十个人参与，十人都朝着设定方向努力的可能性微乎其微。其实一定有一个人经常提出反对意见，甚至拖项目的后腿；还有两个人可有可无，实际情况大多如此。

从经营者的角度来看，十人中一定有三人无法成为主要战力，尽管如此，工作需要的人数却不能改变。经营者必须提前做好思想准备，否则真正面对现实时，不知不觉中就会满口怨言，经营欲望也会越发消沉。

据说即使是亲鸾圣人（日本佛教净土真宗初祖——译者注），也因为自己的儿子吃了不少苦头。圣人的儿子频频犯错，甚至还到处宣传自己父亲的教诲存在错误。从亲鸾圣人的角度来说，不是别人，居然是自己器重的长子做出这样的事，堪称诛心。但是叹息归叹息，圣人也只能一直忍耐。

圣人尚且如此，更何况我们凡人。一旦遇上了这样的人不在意是不可能的，但是我认为，用人的时候不宜过于挑剔。

道理其实和我们的身体一样。人之为人，没有人一年到头不生病。现实生活中，有人胃不好，有人血压高，不舒服的地方多之又多。小毛病可以马上治好，这当然再好不过，但如果得的是不容易治好的疑难杂症，我们也只能不勉强自己，还是要小心翼翼地关注病情，防止情况恶化。

同样，工作也好，用人也罢，总有人一直犯

错，一定程度上造成工作负担，甚至是拖后腿，经营者从一开始就要有心理准备。

只有具备这样的觉悟，接下来才能身体力行，为部下起到模范带头作用。作为经营者，必须比任何人都到得早，走得晚，以身作则是首要前提。与其在意员工的一举一动，不如自己专心致志地投入工作。

专心致志工作，周围的员工也会受到感染。老板的带头示范具有极大的带动效果，员工受到鼓舞，不用说也会自然努力投入工作。我有过大中小各种企业的经营经验，无论规模大小，经营者的身先士卒最为重要，这一点是共通的。

虽然每个企业的表达方式不尽相同，但是经营者必须严肃地意识到自己的责任所在,全身心投入工作,而不是意志消沉。用事实说话,员工自会有所触动。

刻意地培养人才不会成功

无论经营者对工作多么有信心和力量，如果用人和培养人的方法不当，结果往往是竹篮打水一场空。一个人无法面面俱到，经营者必须意识到人才培养的重要性。可以说，企业竞争很大程度上就是经营者挖掘人才、培养人才的竞争。虽然道理人人都懂，也都知道人才培养的必要性，但是具体怎样去落实却是棘手的问题。

以我个人的经验来看，人才的培养不要刻意，顺其自然往往是最好的方式。该生气就生气，该训斥就训斥，这种自然的状态才是最佳答案。

当然只是这样还远远不够。其中最重要的一点是经营者自身对经营是否负有使命感，如果自己都没有使命感，人才的培养将无从谈起。

经营者的使命感就是店铺或企业经营的目的，是人才培养的源泉。人必须充分了解一件事情的意义和价值才能真正投入其中，对他人产生积极影响。

有了使命感，下一步就是具体的用人。这一过程中最重要的是充分挖掘和发挥每个人的特点。每个人都有自己区别于他人的特点，经营者应该充分挖掘和发挥好员工的特点。

我想我之所以能有今天的成绩，和自己在用人方面小有心得密不可分。对我来说，即使别人都说"那个人不太优秀"，我可能也会发现他的闪光点，发自内心地感叹"这不是有不少优点嘛，真了不起"。曾经有过"总是抱怨的麻烦精"进入公司工作的情况，我依然捕捉到了对方勤勉的优点。别人眼中的缺点可能是我眼中的优点，这大概率与我从不在意别人的缺点、只看优点和特点的用人方法有关。

做到这一点并不难，这也是经营者是否善于用人的关键所在。

就我来说，即使有的员工和我性格不合，我也时刻注意不要将这种个人情绪带入工作中。性情虽然不合拍，但是对方如果能力出众，依然可以为我所用。在这一点上我极其光明磊落，这也是我赢得部下信赖的重要原因之一。

任何场合我都会全力以赴。失败也好，流血也罢，我每天都在拼命工作，无论是表扬下属还是批评别人，我都注意坦诚相待，将真实的自己暴露在部下面前。从不掩饰自己，和部下坦诚相见，这样部下也很容易理解我的想法。正是通过这种方式，我获得了众多部下的协助。

找个"冠冕堂皇的借口"

我曾经从一位美国大学校长那里听说了这样一件事。这位校长对美国曾经辉煌却最终陨落在第二代继承人手里的75家公司进行了调查，结果发现，它们失败的原因无一例外都是人才问题。

究其原因，第一代创办的公司在逐渐发展的过程中，总会有多位功不可没的元老。这原本无可厚非，但是时代无时无刻不在变化，很多曾经的元老身居高位却无法适应这种变化。然而，二代继承人碍于情面却无法辞掉元老，放任问题发展，最终导致公司倒闭。75家公司无一例外全都因此倒闭。

当然，公司倒闭的原因多种多样，但是校长调查的这75家公司倒闭的原因却惊人地一致。

听了这件事，我受到很大冲击。我原本以为只有日本的企业才会重视义理人情，选择终身雇佣的方式，这种事情发生的概率会高于美国，没想到美国也如此。确实，年轻的二代继承人就任社长后，面对周遭年长的元老功臣们，即使其中有人已经不适应时代的发展，但是"请你辞职吧"这种话却难以开口。人情大过天，这种现象十分普遍。

但是，经营者可以对问题一直置若罔闻吗？我认为绝不可以。如果放任不管，公司很快就会陷入僵局，最终落得和倒闭企业一样的结局。

无论从人情上来说多么难受，遇到这种情况，经营者必须马上采取措施。一方面要对元老给予丰厚的回报，另一方面要安排合适的人选担任重要职务。

这样的决断需要巨大的勇气和执行力。这种勇气和力量该如何培养呢？

我的建议是经营者扪心自问，看看自己到底认为公司是自己的、全体员工的，还是社会的，答案不同，做法自然有所差异。

如果认为公司是自己的，那么"绝对不能为了一己私利就让元老辞职"。但是如果认为"公司绝对不是我一个人的，虽然它很小，但是拥有世代相传的传统，这传统有益于每一位员工，有益于社会。我只是代为管理它而已"，经营者就能意识到"自己有义务为了全体员工的幸福努力发展公司，为此不应受私人感情所困，必须让适合的人才在重要岗位上发光发热。至于元老，可以用其他方式报答"。有了这种想法,原本难以启齿的话也有了开口的勇气和力量。

换句话说,经营者要思考对公司来说正确的事情,基于正确的理念行动,也就是要找一个"冠冕堂皇的借口",只有这样才能获得强大的勇气和力量。

这一点不仅适用于人事工作,也不仅限于"企二代""企三代",它适用于企业经营的方方面面。

第二代继承人的胜负取决于心底的热忱

年轻的二代们继任后,虽然继承了上一代的基础,但是面对年龄和经验差距很大的管理层,管理的难度可想而知,但是退缩了就无法担起社长的重任。

应当怎样突破困境呢?我的建议是多向前辈问问"您看我的想法怎么样",问得越频繁,甚至超越了正常限度,对方就越能感受到你对做生意的热情和诚意。对公司的元老们来说,"一直觉得你是个什么都不懂的年轻人,没想到居然这么热心"。

热情会催生信任感。元老们也不想越俎代庖,只是一想到自己为公司付出这么多,二代继承人却对生意漠不关心、毫无热情,难免心生不安。如果继承人热心请教,元老自然就会放心,"太好了,我得好好辅佐他呀"。

不仅仅是元老，全体员工感受到继承人的热忱，有了信任感，自然愿意全力以赴，这就是生意经。

当然，这种热情不是别人教出来的，必须发自内心。如果没有这种真诚，无论头脑多么聪明，话说得多么好听，也只是耍小聪明而已，无法获得信任和协助。

能否拥有发自内心的热忱，这是第二代继承人胜负的关键。

世上没有亏本的生意

很长一段时间，我得到了多家分包工厂的业务协助。机缘巧合之下，我结识了不少工厂的经营者，每位经营者都有所不同，但是赢利的工厂经营者之间有共通的地方，这就是每人都有自己的强项。

比如在客户的要求下，我们必须推出物美价廉的商品。这时就需要请求供货商的协助，降低采购价格。遇到这种情况，优秀的供货商绝不会说"那可不行，老板，这个价格我们就亏了"，而是"原来如此，这也是我的目标价格，让我们一起努力把价格降下来吧。不过得给我三个月的时间，我会利用这段时间努力改良工艺，争取让您满意，没有什么是不可能的"。

其实，我自己在创业之初也承接过分包业务，遇到类似的情况也是这样处理的。

我从来没说过"老板，那样我们就亏大了，拜托了"这种话，取而代之，我会回答对方："这样呀，必须5日元的价格才可以吗？"（对方也会为难地讲）"不按5日元进货的话，我这边实在没法儿干。"（于是我讲）"这样啊。做法还可以调整，5日元是可以的，其实4日元50分也可以试一下，我肯定按照这个价做出来。"对方听了这样的回答一般都很满意。这时再加上一句"我一定会努力达成这个目标，请给我点时间"，对方一般都会欣然允诺。

当然，如果客户的降价要求过于苛刻，当然不可贸然答应。但是对于社会普遍反映的必要成本调整，我一般都会抱着"无论如何都要实现"的想法全力以赴。

为了做到这一点，经营者要有坚定的信念：做生意不能亏损，而且本来就不会亏损。偶尔，哪怕我心中稍微萌生了亏损也是没有办法的这种想法，中途一定会遇到挫折，每次都是这样。能够发展的企业和不能发展的企业，一个重要的不同之处就是其经营者的基本思维方式的不同。

商场之上，偶尔亏损也无所谓，这不过是弱者自我安慰的借口。优秀的经营者必须肩负责任，每一步都应确保合理的利润。经营者应认识到，经营原本就应该这样做，并以此作为自己经营企业的出发点。

景气好，不景气更好

我一直告诫自己"对于商人来说，经济环境没有好与坏之分"，这也是做生意必需的基本心态。

经济景气的时候，顾客需求旺盛，商品供不应求，一般不会有什么问题。但是一旦经济不景气，顾客在选购商品时趋于谨慎，会仔细比较各家的商品和服务。如此，长期以来坚持高品质和优良服务的商家将脱颖而出，受到顾客青睐。服务好不好、店员态度热不热情、商品质量过不过硬，当经济不景气时，顾客会更加关注这些要素。那些在这些方面做得好的商家自然不缺顾客，相反，当经济不景气时，他们的生意反而会更忙。

这是做生意的真谛，也是平时就必须充分掌握的技巧。只有理解个中奥义，才会在经济景气、生意兴隆的时候始终保持对业务学习的关注。

景气的时候店里生意忙，不知不觉就容易在服务方面懈怠。比如忙的时候不给送货，反而告诉顾客上门取货，等等，不知不觉中躲避烦琐的服务。一旦形成习惯，紧急时刻自然疏于防备，经济一旦下滑，经营者就会手忙脚乱。

做生意不能一蹴而就。短则一生，而优秀的品牌则会世代传承，每日如影随形。生意人不可被经济环境左右，不能经济一萧条就惊慌失措，这不是真正的生意经。正因为如此，我才会告诫自己："经济环境不分好坏。"

基于这种想法，不景气的时候企业也有前进的道路，甚至可以说经济不景气时反而更有意思。我们只需集中注意力，全力以赴，道路自在前方。

如果一家公司顺风顺水地发展了十年，这样反而危险。十年的顺遂之下必定有懈怠的地方。也许有的公司不会如此，但那需要经营者每日提起精神，时刻关注发展，十家公司里最多有一家能做到。剩下的九家公司，社长和一众员工总会有放松警惕的时候。

当然这种失误也是人之常情。如果每天吃的都是美味佳肴，自然体会不到美食的可贵。一切顺风顺水，自然会放松警惕，这是人性的弱点。不过一旦经济突然不景气，企业就会遭遇困境。三年一次的小规模不景气、十年一次的大规模不景气更是对经营者的一种警示。

好也好，坏也罢，经营者从平时就要脚踏实地遵守生意规则，认真做好每一项工作，经济景气与否的影响也就不会那么巨大了。

中小企业调动员工 100% 以上的能力

人的能力并不固定。根据所处的环境不同,有的人工作起来是事倍功半,有的人则是事半功倍。

所以人员的分配,或者说调动人才积极性非常重要。方式不同,人才的能力发挥将会产生天壤之别。

从这个角度来看企业的话,我认为越是中小型企业,人才的调动效率越高,大规模的企业,效率反而低,很少有企业能 100% 调动员工的能力。当然中小企业因为数量众多,情况也各不相同,但是大体来看是这样的趋势。

大公司里人才济济,员工能力出众,但是有时这些人的能力却被扼杀,这是大公司的组织架构导致的结果。

从日本人的国民感情角度来看,组织越大,提高效率就越困难,而最难提高效率的机构是政府机关。政府机关的工作人员不是不工作,而是不能工作。周遭的氛围决定他们无法轻松决断,只能选择"事不关己、高高挂起"。

大企业也是如此。企业越大,官僚主义就越严重。

而中小企业如果这样做,公司可能就无法经营下去了,所以不管三七二十一,中小企业的所有人都在努力工作。

在20~50人的企业中,员工最容易理解相互的想法和行为,公司的效率更高,反应更快。

从这一点来看，我觉得没有比中小企业更能调动员工能力、发挥员工作用的地方了。

社会上总有人说中小企业处于弱势地位。其实大企业只发挥了人才能力的 70% 左右，中小企业却可以发挥 100%，甚至达到 120%。这正是中小企业的优势所在。中小企业应当积极发挥自身优势，这一点十分重要。大企业则有必要在组织架构的基础上细分方向，营造一个员工能充分发挥能力的环境。

放手又不完全放手

日语中有句俗语叫"爱好生巧匠",也就是说,把工作交给别人时,要交给有意愿的人来做,这样结果一般比较圆满。

话虽如此,如果对方是自私自利的人,可能会利用自己的立场谋取私利,即使对方一再强烈表示"想接手这项工作",最好也不要随便答应。相反,如果对方真正喜欢并且有意愿接手工作,这才是最理想的人选。

当然,任务虽然交给了对方,执行过程中对方的缺点可能逐渐暴露。这时经营者就需要协助对方改正缺点,实在改不了就要及时更换人选。

换言之,用人要采取"放手又不完全放手"的方式。顾名思义,任务确实要"交给对方",但是不能完全放手。

无论情况如何，经营者都要明白，自己是责任的最终承担者。下定决心把工作交给别人来做，任何人都会很在意进展情况。换句话说，工作虽然交了出去，经营者心中必须时常记挂，要求部下及时报告情况，发生问题时给出适当的建议和指示，这才是经营者应有的态度。

当然，既然任务已经交给对方，过于琐碎的事情还是不要插手为妙，这也是人才培养的过程。但是对方如果有脱轨的势头，就必须及时提醒。疏于提醒，就等于放弃了自己选定的人选，对经营者来说是极其不负责任的行为。

另一方面，接受任务的一方也要通晓规则，及时报告。如果执行者认为工作"交给我了,怎么做,全部都由我自己定",疏于报告而脱离正常轨道,这样的人选就是错误的人选,经营者必须及时换人。

一般来说,经营成功与否很大程度上取决于人。无论是布置工作的一方还是接受工作的一方都必须认真,经营者一定要以认真的眼光严格挑选人才,妥善布置工作,这一点十分重要。

人事的破格提拔需要亲自护航

在日本，破格提拔是很难的。毕竟"年功序列"的惯例已经执行多年，企业提拔人大多论资排辈，我也没有进行过破格的人事提拔。

当然，如果不得不破格提拔人才来发挥其才华的话，就需要根据情况多加斟酌了。

比如提拔某人担任课长的时候，虽然团队里有很多前辈照顾过他，但此时他依然超越了所有前辈被提拔为课长。如果只是把调令交给新课长，告知对方由你来担任课长一职的话，结果可能会事与愿违。如果是我，我会当场宣布人事任命，并且请团队里最资深的前辈代表全体人员向新课长宣誓。

A 接过课长调令，当着所有人的面表示："从今天起，我开始担任课长一职，请大家多多关照。"

如果这时团队里最资深的员工站出来代表全体发言，宣誓"我们一定执行课长的命令，好好努力"的话，从这一瞬间开始，课长的工作格局将彻底打开。

当然也有人不赞同这种做法。认为这样做会产生隔阂，课长布置起任务也会有所顾忌，整个团队都很尴尬，公司也会为难。其实有了上面的宣誓过程，这些不便难道不是已经烟消云散了吗？

破格提拔不是甩出一个职位、说句"好好干"就可以的，要亲自为他们"保驾护航"，这一点非常重要。如果经营者忽视这一点，公司将无法顺利运转。

当然，社长在人事提拔中不能徇私枉法，不能因为个人的好恶而随心所欲。必须考虑人选是否对开展工作有帮助,这是最基础的要素。万万不能因为不喜欢一个人就舍弃能干的人才,也不能因为自己喜欢就提拔一个无能的人。明确了这一点,尽管并不喜欢对方,但是如果工作中真正需要这位人才,经营者要有礼贤下士的觉悟。

这种态度是用好人的基础,不徇私枉法、不顾及私情,其他员工才会认同并协助新领导工作。

直觉可靠吗

说起直觉,很多年轻人都认为它是唯心的,并不科学。其实,即使采用各种科学方法进行了分析,最终人们做出判断依靠的还是直觉。

以前我当会长的时候发生过这样一件事。

一次公司进行临时检查,各地的营业点和事务所纷纷向总公司提交了报告。让我吃惊的是,报告中居然包含日报、月报等240种不同类型的材料。

于是我说:"为什么会有这么多报告?这么多报告谁来看?写报告和读报告的人都很辛苦,我也不认为这些报告有什么实际意义。仔细把报告筛选一下,只留下和近期公司发展相关的报告就可以,其他的全部筛除可以吗?"很快,报告数量被削减到了42种。

还有一个典型例子就是电子计算机。使用电子计算机之后，公司在第二天早上就可以获得前一天的准确销售数据，准确度很高。我好奇地询问："计算机的运营成本是多少钱呀？"部下回答："每个月大约360万日元。"

听罢我不禁感叹："这也太浪费了。"确实计算机用起来很方便，但是这种方便仅限于通过昨天的销售额进行决策的时候。如果只是收集数据，其实没有太大的实际作用呀。对公司的经营来说，即使没有这些实时数据，5天统计一次其实也完全可以掌握信息。每天接触工作的人完全可以通过直觉估算销量，做不到只能说明工作存在失误，所以我很快下令取消了计算机的数据统计。

对当时的松下电器来说，90%的工作都可以根据经验判断，再配合10%的科学手段就完全可以。当然现在对科学决策要求更高，需要同时结合直觉和科学手段。无论如何，直觉必不可少。

即使科学家也离不开科学直觉。著名发明家爱迪生也需要突然闪现的灵感和想法，凭借这些灵感才创造出众多优秀的发明专利。

从这个意义上来说，直觉和科学就像汽车的两个轮子。我们既不能过度依赖科学，也不能过度偏向直觉，必须平衡好两个车轮才能跑得更远。

会议大多效率低下

听说美国人开会十分简单。当然不排除有长会的情况，但是一般情况下，比如召开技术会议时，总工程师会首先说明，接下来我们将如何完成某件事情，介绍完毕后向参会的诸位技术人员询问："大家还有什么意见吗？"在大多数情况下大家都没有意见，最后总工程师宣布："那么就这样决定，散会。"

也就是说，美国的技术人员召集相关部门开会时，不是先讲解自己的方案再邀请大家提出意见，根据大家的意见做出方案修改，这种技术人员可能会被马上开除。美国企业认为听取他人意见才能修改方案的技术人员是失职的，所以大多由专家担任技术人员。

美国的社长也是如此。社长介绍完毕只会问："这样做怎么样？大家有意见吗？"（众人回答）"同意"，方案就这样轻松通过。当然美国员工不会因为社长的威严而违心地表态，没有这种决断力的社长会马上被解雇。

因为这是很久之前听说的传闻，不知道现在的美国是否还是这样。我感兴趣的点在于这样的技术会议或社长会议非常高效。

如果公司的社长对实际工作并不了解，开会时只说"怎么样，你觉得可行吗"之类的话，任凭员工你一嘴我一舌发表观点，可能3天也开不完一场会。虽然这么说有点极端，但是现在日本的会议确实有这种倾向。在快节奏的现代社会，等开完会得出结论时，情况可能已经发生改变。

开会不是大家聚在会议室里，悠然地坐在椅子上慢慢讨论，而应该站着就快速进行说明，当场拍板决定。现实情况瞬息万变，站着说话的工夫别人可能早已开完了几次应对会议，经营者一定要有这样的觉悟。

当然，有时即便已经有定论，依然需要开会走流程，或者为了真正听取大家的意见而召开会议。会议千差万别，多种多样，不可一概而论。但是我在前文中阐述的对会议的认识和相应觉悟是应该具备的。

先买的人是进步的贡献者

所有消费者都是这样,尤其电器消费者经常抱怨,"后买的人能买到品质非常好的产品,先买的人总是吃亏""老产品可没有新产品那么多功能,先买吃亏,后买划算"等。

事实确实如此,而且会一直如此。当然,生产者销售的肯定是现阶段最好的产品,但是社会日新月异,创意与日俱增,越是进步迅速的行业,越容易有这样的情况发生。

不仅是电器行业,所有的生意人都要有这样明确的信念。所谓生意,如果只考虑先买吃亏、后买划算的话,买卖肯定不会长远。

在一次开会的时候有个人向我抱怨:"当初买电视实在太亏了。我当初花12万日元才买的电视最近接连降价,我真是太傻了,电器什么的以后可不能想买就买了,新产品总是又好又便宜。"

听罢我这样回答道:

"原来如此呀。但是您想过吗?如果没有您这样的消费者,电视就不会发展进步。正是因为您之前花 12 万日元买了电视,现在电视才得以降到了 6 万日元的价格。表面上看来您亏了 6 万日元,但是您其实为整个社会做出了贡献。再者说,您比别人都更早看上了电视,率先体验了电视的好处,如果这样您还不觉得自己很重要的话可说不过去啦。反过来,如果大家都想着'明年再买电视',今年电视机一台也卖不出去,到时候电视的价格永远停留在 12 万日元啦,您看是不是这个道理?"

对方连连点头，"哈哈，我明白了，您说得真好，果然还是早点买比较划算，先买的人更了不起"，大家也都哈哈大笑。其实不管什么行业，如果没人第一个掏钱购买，整个行业就不会进步。"汽车行业也是这样，虽然最开始的汽车性能并不完善，但是因为这是前所未有的产品，我就花高价买了一辆。结果一年之后，比那汽车好三倍的新汽车就问世了，但是我并不认为先买了是吃亏。先买的人带动了汽车市场，所以有更多人知道了汽车。这样的消费者为行业做出了贡献，同时也最早体验了汽车的好处，其实是一举两得。如果大家都不这么想，世界就会止步不前。"

合格的采购员既会砍价又被信任

俗话说得好,"利在于本",也就是说,采购对事业成败起着巨大作用,采购员对企业格外重要。优秀的采购员应该在采购工作中重视激发供应商的热情和干劲儿,要让供应商感觉"这笔生意有意思。一方面供货价格低,另一方面自己也不少赚"。

为了做到这一点,采购人员最好可以教给供应商如何生产出更便宜的商品,但是,人不是神,不可能精通一切。于是,优秀的采购员懂得给对方提要求,比如跟对方讲:"这个价格很高。也许这个价格实际上不算高,但这样下去我们迟早会输给对手,所以希望您多学习、多改进。我不会要求您减少贵司的利润,但是希望您能找到合适的方法降低成本。改进做法,说不定有办法实现既降低给我的供货价,又提高您的利润。"坚持像这样提要求,一年后双方可能会创造出划时代的成果。

之所以这么说，是因为采购员不断提出这样的要求后，供应商会改良技术。"原来1个人一次只能做100个，现在能做出来200个。虽然我付出了很大努力，但是改良好的新设备眨眼间就能做出来200个，品相统一，产量翻倍，利润可观，价格咱们就多便宜些吧。"

相反，如果采购员从一开始就只会说"便宜点、便宜点"，供应商只会觉得"那个采购员一见面就砍价，太烦人了，能换个新的采购员就好了"。

人是一种奇妙的生物，做生意不会砍价的话会被当成傻瓜，对方会觉得这个人"好傻、好天真"，甚至诱导对方用105日元的价格买下100日元的商品，不仅赚了钱，还嘲笑对方傻。

但是如果供应商觉得"这个采购员把100日元的东西砍到95日元，虽然亏了5日元，但是他说的很有道理，我们必须改变想法。虽然价格的让步有些心痛，但是学到的东西是无价的，这个人很了不起"，高高兴兴地将感悟到的要点带回去改善生产。

通过真诚的交涉，"大概是这样，能做到吗？"如果供应商觉得"他说的很有道理，一针见血，可真厉害"，就会尊敬和信任采购员。采购员必须掌握低价买入又能获得供应商尊重的技巧，其所在的公司也将有更大的发展。

社长不是军师

经营者的决断极其重要,直接关系企业存亡,责任之重之苦非比寻常。但是经营者必须时刻处在这样一个被审视的位置,这是他的存在价值所在。

那么决断的基准是什么呢?一般的答案是稳扎稳打,但是很多情况下这还远远不够。时代风云变幻,决断必须及时果断。既要稳扎稳打,又要果断决策,防止错过时机,而这种界限的判定完全取决于经营者个人。

任何情况下,我认为最重要的一点都是关注真实。经营者不能戴着有色眼镜看待事物,不能墨守成规,必须心无一物,保持素直之心。不拘泥于名利,不贪图声名,不受拘束,想笑就笑,走自己认为正确的路,只要有一颗不受拘束的素直之心,经营者就能看穿事物的真相和世间的真实。

话虽如此，实际的决定中总会有各种各样扰乱人心的"杂音"。

对"杂音"不能充耳不闻，屏蔽外界的声音就会独断专行。不过，听虽然要听，但是不可被之束缚。

有些"杂音"是善意的，比如员工为公司发展提出的建议。但是这些建议不全正确，这时就需要经营者具备判断的能力，也就是分辨"杂音"的能力。缺乏这种能力将对公司的发展极其不利，经营者一方面要倾听各种"杂音"，一方面要正确区分，做出决断。

公司和店铺的社长是"将军"而不是军师。军师负责提出战法的建议，但是掌握最终决定权的人是将军。极端地说，将军只负责做出决定。

10个军师的意见可能一致，也可能五花八门，必须由将军来决定怎么做。无法决断的将军是愚将，愚将必然招致失败。

还有很重要的一点是将军做出决定后，全员能否步调一致地执行决定，这是将军统率力的问题，取决于将军的个人见识。有见识的将军一旦做出决定，众人立马一呼百应。

提升经营能力

围棋和将棋采取段位评价制,按照水平高低可分为初段、二段……如果经营水平也有三段、五段之分的话,估计会非常有趣。"我明明以为自己是三段,却只有二段吗?我必须进步呀!""为什么我不是三段?""你这方面不太行,改进了就有可能进三段。"

但是,不知是幸运还是不幸,经营不同于围棋和将棋,是另一种复杂的系统,无人能确切地把它讲清楚。所以经营者到底是三段还是二段,只能由自己来判断。

自我判断是一个很难的过程。评价别人容易,了解自己却很难。难归难,判断自己极其重要,特别是在企业发展的过程中,经营者如果不能准确把握自己的经营能力，往往会产生问题。在松下电器成长的过程中，我就有不少直接和间接的体验。

比如随着松下电器的发展，几百家客户逐渐壮大。每家壮大的程度各有不同，也逐步暴露了一些问题，比如有的公司一开始发展得很好，但为了进一步扩大规模，将员工数量从50人增加到100人，结果公司却越来越差。

这是为什么呢？仔细观察这些客户的经营情况就会发现，原因在于经营者没有进步，经营能力没有提高。虽然员工人数翻倍，整体力量反而下降，最终陷入困境。

从这一点来看，我认为经营者必须正确认识自身和团队的综合实力，也就是公司的经营能力是几段水平。

公司幸运地逐渐壮大，要做的事情只会越来越多。经营者必须仔细思考这份事业还要不要做、应不应该做。通过员工提出的建议，经营者也应当思考公司是否具备足够的经营能力，能力有无提高。如果这些问题的答案都是否定的，即便公司对社会有很大贡献，也不应当再继续下去。一种错误的想法是，50个员工就做得这么好，100人的话肯定更好。经营者一定要时刻提高警惕，不要等到公司陷入困境才意识到自己经营能力的不足。

通过经营，开创新时代

在这个瞬息万变、变化无常的时代，因循守旧的公司只会落后。经营的要点就是紧随时代的脚步，或者更进一步，领先时代，做新时代的开创者。两点中至少要达成一点，否则公司即使能够残存，也没有发展的希望。

两者之中，我更看好领先并创造时代。

据说在即将迎来20世纪80年代的时候，未来学家们做出了各种预测。未来学家和所谓的"经世家"[1]立场完全不同：未来学家在分析过去和现在情况的基础上做出未来的预测，而经世家则会思考人类的幸福所在，立志构建这样的社会，两者的未来

---

1 日本江户时代对思考经世济民具体政策的在野知识分子的称呼。——编者注

学存在巨大差异。

于我而言，经营者必须做"经世家"。经营者在每天努力工作的过程中，对生意和经营会有各种希冀和理想。经营者应当把这些想法传达给员工，公司上下众志成城，为了实现目标而努力。

所以，社会一年后、三年后会有什么样的变化，对经营者来说，这种"预见性"不可或缺。最近社会变化更加无常，原本以为会发生的事却未必发生。除了预见性，经营者还要为了计划的实现付出努力。

我自诩还算热心工作，经常思考未来，并将自己的想法在公司中广而告之。松下电器之所以能有今天的成绩，与这种和员工分享、大家一起奋斗的方式息息相关。

但是如果太拘泥于"我想这样做，应该行得通"的想法，反而会招致失败。经营者要有素直之心和谦虚的态度，踏实地去努力奋斗，这是一切的前提。在风云变幻的时代之中，经营者一定要有创造时代的积极态度。

经营也要"八分饱"

最近,在向银行贷款时,银行会建议顾客留存补偿性余额。日本政府和日本银行[1]都认为这种做法过于激进,对此持反对态度,一时间补偿性余额成了热门话题。其实不用银行建议,我从50多年前就开始采取这种方法了。

所谓的补偿性余额是指公司从银行借款的时候,本来只借1万日元就可以,但是公司会特意借2万日元,将多余的1万日元作为定期存款存入账户。以高利率借款,低利率存钱,这看起来很不划算。但是我从不认为这是赔本的买卖,因为这是必要的"保险"。这笔钱可以随时支取,让公司的现金流更加充裕。而且不是银行要求我做,而是我自

---

[1] 日本的中央银行。——编者注

己主动加上"保险",银行对公司也更加信任。

这么说来,这种通过借款保证公司现金流充足的方法和我一直强调的"留有余地的经营"理念相符。我把这种理念命名为"水库式经营",以防万一,我用银行贷款建造了"资金水库"。

企业发展不仅需要"资金水库",还需要"人才水库""设备水库""库存水库""技术水库"等,为了企业合理经营,各个方面都要留有余地,顶格做事十分危险。

当然,水库式经营有利有弊。无论是资金还是设备,光靠"水库"无法产生利润,如果将富余的部分投入生产可能利润更高,但我还是偏爱"水库式经营"这种稳健、不易失败的经营方式。对于希望长期保持稳定发展的企业来说，水库式经营是不可缺少的最佳方式。

换句话说，经营者要时常自我检讨、自我评价。虽然有举起50公斤重量的力气，最好举起40公斤时就及时停止。50公斤不是举不起来，但绝对有摔倒的可能性，反倒是预留10公斤的重量更加安心，这就是"八分饱经营"。同样地，假设企业有100台设备，最好投入80台生产，预留20台产力，以备不时之需，"八分饱经营"方式更容易保障利润。

不过，如果现实中的需求是100，还坚持把生产控制在80的话确实有些保守，这时可以调整为90，但是不要轻易放宽到100，否则很容易出现滞销的情况。

重要的是准确抓住100这个需求。把120的需求看作100是失误,把80的需求判断为100也是失误,水库式经营离不开正确的判断。

打造人尽其用的社会

在自由主义经济的社会里，企业之间必然产生竞争。有了竞争才会增进企业的相互学习，共同进步和发展。这种竞争不仅仅是实力的竞争，还受到更重要因素的影响。

什么比实力更重要呢？这就是"什么是正确的？"的哲学理念。只有各方都持有这种理念，企业之间才能良性对抗、正当竞争，否则获胜的永远是实力强大的一方。

如果强者获胜能带来整体繁荣，这倒是件好事，但实际并非如此。在强者获胜的社会之中，实力竞争往往会演变为暴力对抗，无数的历史证明了这一点。所以，以"什么是正确的？"理念作为判断的基础才如此重要。

具体来说，竞争社会中，即使没有资本或资本很少，有经营能力的人也可以成功。当然经营能力并没有具体的标准，所以判定起来很难。但是总体来看，做生意有没有良心、工作是否努力、是否有创造力，这些都可以衡量经营能力，希望经营者们牢记良性竞争、优胜劣汰的重要性。

如果竞争只靠实力，比起经营者是否合适，资本的力量或者暴力会愈演愈烈。没有资本的人无法与之抗衡，有经营能力的人也会落于下风，这对社会、对人类来说都不是好事。

因此，无论资金多寡，不能只比较实力，而是想方设法厉行节俭，靠节约每一张纸这样的努力来降低成本。成本下降了，降低售价就可以赢利，产品更加物美价廉，这才是进步，也是竞争的主战场。

在这样的社会中，中小企业也有参与竞争的权利，甚至在某些情况下在竞争中更有优势。

任何工作或事业，大浪淘沙之后留下的都是适合的人，不适合的人会转战其他舞台，在其他领域取得成功，这是社会的进步，也是我们期盼的社会样态。

力求聚集众人智慧

虽说事业的成败取决于企业和店铺的经营能力，但所谓的"经营能力"更多在于经营者是否调动了全体员工的智慧。有的经营者能言善辩、经营能力出众，但在我看来，这并不是最重要的，甚至说，只依赖经营者一个人的智慧企业发展不会长久。个中原因很难用理论来说明，无数现实例子证明了这一点。

于我而言，我始终秉承着发挥员工智慧的方式来开展经营，也经常向员工表达这种想法。

"松下不是我松下幸之助或者其他任何一个人的企业，企业的经营离不开大家共同的智慧，企业是汇集了大家心血的成果，这决定着公司的未来。希望大家可以牢记这一点，努力思考，积极参与到经营中来。"

一有机会我就会向员工表达这种想法。当然，这样呼吁之后，有的员工认同我的观点，认为"这是正确的"，积极参与经营，也有人完全无动于衷。总体来看，这种观点一定程度上有所渗透，并取得了一定的成果。

基于全员智慧开展经营，这至今仍是松下电器的基本方针。这种观点在社会上流传开来之后，经常有人问我，到底该如何聚集众人智慧？有哪些方法可以众志成城？这些问题很难回答，甚至让人有些无从下手。

说到集思广益，人们的第一想法往往是召开会议交换意见。这确实是一个办法，但是只要开会就可以收集到众人的智慧吗?答案是否定的。最典型的例子就是"小田原评定"[1],会议确实开了,但得到的不是智慧,而是无知。开会不是不重要,但是集思广益和形式关系不大,最重要的是要言之有物。

无论什么问题,解决时最重要的一点就是动力十足、满怀期待。无论如何都要完成,有了这样强烈的想法和愿望,事情就解决了一半,剩下的就是找到解决的手段和方法。

集思广益必须有这种强烈的动力。经营者的所思所想会体现在个人的态度和行为上,众人的智慧

---

[1] 召集各地臣民齐聚小田原城、商讨国策的制度,现在常用来代指举办时间长却又拿不出意见、做不出决定的会议。——译者注

自然会逐渐汇聚。

实际上,虽说经营需要集思广益、全员参与,但是公司人少还可以,规模大一点儿的企业根本不可能听取每个人的想法和意见。如果社长能坚守集思广益的经营理念,就可以在有形无形中了解员工的想法和意见。虽然就决策的形式而言是社长一人决定的,看似有些独断,实际却是将心比心的正确判断,这也是我个人的经营方式。

除了这样的觉悟,同时还要注意营造倾听他人意见、员工自由发表意见的氛围,日常生活中,日复一日的坚持至关重要。只要有心去力求"集思广益",氛围的形成自然水到渠成。从这个意义上来说,公司不是"集思广益",而是"求思广益"。

发展不顺的原因在于自己

一般情况下，只要制订了周密详细的计划，事业的发展几乎不会失败。如果失败接二连三，只能说对事物的思考还不够深入。或者说，想是想了，因为很多原因却没有执行。

企业和店铺经营不顺，如果仔细思考到底为什么不顺利、哪里做得不好、问题在外部还是在内部，我们就会发现，差不多100%的原因都在于我们自身。

人们往往把企业的不顺归结于社会不景气。这方面的因素确实客观存在，但更多的时候这是自我安慰，是自暴自弃的借口。社会大环境不景气时，如果完成好每项应该做的事，企业的发展几乎不会受到任何影响；如果受到的影响巨大，只能说明企业本身或者说经营者自己导致了这种结果。

当竞争激烈、经营困难时，企业和店铺更要把该做的做到位，竞争越激烈，这样的企业评价越高，更容易吸引顾客。否则，客户就会不断流失，被其他企业抢走客源，这说明企业缺乏吸引客户的实力和魅力。

人们往往为自己的错误找借口，安慰自己或互相安慰"完全没有想到"。这种安慰确实很重要，可以减轻烦恼，调节心情，也给了人们投入工作的勇气。但是这还不够，我们必须认真反省，认识到深层原因在于自己。实际生活中，遇到不顺利的事情时，之后仔细想想，我们常常会觉得"那个时候那么做就好了""那件事完全没有必要"。通过反思提升认识，这将决定企业今后的发展。

导致企业经营困难的原因多种多样。外部原因当然有影响，但是100%，或者打个折扣，95%左右的问题都在自己身上，根本原因绝不是外部原因。经营者要有这样的认知，寻找新的创意，如此，不管是在萧条中还是在激烈的竞争中都能找到前进的道路。

员工没有梦想是经营者的失职

在我担任社长的时候，一有机会，我都会告诉员工我对几年后公司规模的规划。例如，1955年前后，我曾公布过公司发展的"五年计划"。

当时很少有公司公布发展计划，虽说公布的对象是内部员工，但是消息还是很快就传到了外部，造成了公司发展的一些阻碍。单从经营角度来看，这并不是一件好事。

但是，通过告诉员工5年后的产量、员工人数等具体数字，以及自己完成目标的坚定决心，大部分员工逐渐对公司的规划有了清楚的认识。也许这种做法效果甚微，甚至让竞争对手知道了底牌，产生一些负面效应，但是在知道这些后果的基础上，我还是坚持公布了计划，其中一个原因是想给员工一个可靠的目标,让员工心怀梦想。作为经营者,我坚信这是正确的道路。

此后,我还陆续向员工公布了实行每周五天工作制、薪酬与欧洲持平等目标,公司上下一起为实现这些目标而努力。

从经营政策的角度来看,这样的做法可能会招致批评,对公司的业务发展也可能有很多不利的影响。但是,我相信让全体员工彻底了解经营者的方针和想法这种做法是超越这类利弊的,是正确的。

直到现在,我也没有改变自己的想法。经营者的重要任务之一就是要让员工有梦想,或者说就是企业发展目标的展示。员工没有梦想是经营者的失职。

领悟经营诀窍，价值堪比百万

本书的书名为"经营诀窍"，实际上这来源于1934年元旦我送给松下电器员工的新春赠言。当时我担任松下电器的负责人一职，为了让员工们更多地了解自己的想法，也为了提高自己的表达能力，我一直坚持在早会上和员工交流。1934年年初，一次早会致辞时，我谈到了经营诀窍的重要意义，下面引用当时的记录，和大家分享一下那次讲话的主要内容。

迎来1934年灿烂的开端，收获了大家美好的新春祝福，我感到十分高兴。不久前，皇太子殿下出生，为这个新春更平添了一层喜气。

去年承蒙大家的共同努力，公司业绩发展迅速，请允许我由衷地向大家道一声感谢。

在大家的辛勤努力下，公司业绩一年胜过一年，这样的成绩可喜可贺，但是这同时也意味着我身上的担子更重了。换句话说，大家的努力是否能够得到回报，成果能否获得认可，我都负有重大责任，也必须进行更加深入的思考和判断。但是请大家放心，我一直有坚守的经营方针。在这里可以负责任地告诉大家，我绝对不会辜负大家的努力，请大家在松下放开拳脚，大显身手吧！

当然，大家只忠实地完成分内工作还远远不够。必须在现有工作的基础上充分调动自身的经营意识。任何一项工作都是经营，希望大家了解这一点。只要功夫深，铁杵磨成针，明确这一点不仅有助于业务发展，对大家个人的提高也大有裨益。

作为今年的"压岁钱",请允许我将下面的标语送给大家。

"领悟经营诀窍,价值堪比百万。"

这句话不是痴人说梦,只要真正领悟经营的精髓,获得十万、百万的财富并不是一件难事。

当时我刚好要迎来自己的不惑之年,现在重读上面这段话,不由得感慨当时的意气风发。时间在流逝,但是领悟经营诀窍的重要性并没有改变,这一道理依然适用于现在,甚至更加重要。

于我而言,掌握经营诀窍至关重要。

学识渊博、人格无可挑剔,这样的人作为经营者一定能成功吗?答案是否定的。为了获得成功,必须牢牢掌握经营的诀窍。

假设一条繁华街道上有两家小豆粥的店铺。既然卖的东西一样,选址也相同,按理说生意也应该一样兴隆才对,但是事实往往相反,一家客人络绎不绝,另一家却门可罗雀。究其原因,生意兴隆的经营者掌握了经营的诀窍,另一方则恰恰相反,由此产生了巨大差异。经营者是否领悟了经营诀窍,直接影响企业和店铺的经营,生意自然有天壤之别。

那么,如何掌握经营的诀窍呢?其中的道理"难以言表",或者说无法传授给别人。管理学可以通过学习掌握,但是经营的诀窍并不是学了就"明白"的,需要参悟。

佛祖释迦牟尼在山里修行了六年,却始终没有领悟佛法真经。短暂放弃修行后他下山来到民间，结果被一位少女所点拨，喝了少女给的山羊奶，在菩提树下小憩片刻，佛祖突然大彻大悟。一生苦修，却顿悟在安逸静思之时。领悟经营的诀窍，也许是同样的过程。

也就是说，经营者每天不断努力工作，反躬自省，不断体验成功，有时也会经历些许不完美。渐渐地，不知不觉之中自己就可以体会个中滋味，反思自己。不断重复之后错误将逐渐减少，这一过程就是习得经营诀窍的"修行"。

进一步说，我认为素直之心是必不可少的。素直之心不被利害关系、个人感情和欲望束缚。别人给自己提意见时，拥有素直之心的经营者能非常自然地说出："原来是这样，那就试试吧。"如果经营者在学识上只是半吊子，又总是被自己（有限的）知识和技术束缚，难以听取别人的意见，经营诀窍的领悟就需要更久的时间。

我从很早以前就强调素直之心的重要性，跟别人讲，也跟自己讲，我自己一直在努力培养素直之心。人一旦养成素直之心，就能看到事物的本来面目和真相，就能变得像神那般强大、正确、有智慧。

在经商和经营过程中，拥有素直之心就能准确把握商业和经营的重点，充分发挥员工优势，根据情况作出正确的判断，这等于掌握了经营的诀窍。从这个意义上来说，拥有素直之心的人才能领悟经营诀窍。

第2章 经营者心得

经营者承担全部责任

尽管情况各异,但是企业的经营顺利与否最终都是最高经营者——社长一个人的责任。

社会形势的影响不可小觑,但是经营的责任一定在于经营者,经营者直接决定着企业的发展。有时员工不会遵从社长的指示,这就需要经营者耐心说服、引导员工。企业发展得不好,原因只能是社长的想法有重大缺陷,(经营者)责备别人之前,首先必须深刻反省自己。

当然不可否认经营者也是人。陷入困境时,经营者也会表现出人类共同的弱点,有时会急于责备他人,固执己见,判断错误。

正因为这样,无论形式如何,经营者都要明确意识到责任不可逃避,这一点十分重要。只有经营者具备这样的觉悟，责任观念才会渗透到公司的内部。部门由部长一人负责，课则是课长，小组则是组长，班则是班长，各组织的一把手充分认识到：员工的成败都是自己的责任。公司整体形成这种认识后，大家的积极性被充分调动，进而推动公司业务强有力地发展。说起来容易做起来难的"赏罚分明"也会很快得以执行。

也就是说，在企业和店铺的经营中，员工要有主动承担责任的意识，这一点非常重要。而企业的经营者则要明白，公司的发展全部责任在于自己。

平稳无事的一天也能有所收获

每天的体验既重要又珍贵，这一点无须赘言。每一次失败都会作为经历保留下来，每一次成功也是如此。随着年龄的增长，这些经历融入自己的血肉，成为宝贵的经验，长辈和前辈之所以受到尊重也是因为其丰富的人生阅历。只是年纪增长却没有积累任何失败和成功的经历，这就不是真正的成长。

但是，只有经历失败、成功，或者发生重大事件的时候才能增加阅历吗？平静无事的安稳时光中人们就不能获得经历了吗？我并不这样认为。

仔细想想，其实我们经历的一切都可以称得上"失败"或"成功"。做生意走投无路还欠了债，这不一定是失败。失败隐藏在成功的过程中，同样，成功也会萌芽在失败的过程中。

具体来说,当一天平稳无事地结束时,我会在心中反思自己一天的成功与失败。在这一过程中,一定会有事情失败,可以有更好的方法来解决。一件事不管大小,我们花心思反思它,就能从中有所收获,它就是一份宝贵的经历。

从形式上看,世人会明确区分所谓的"失败"和"成功"。但是并不是成功和失败才是人生阅历,每天反复发生的隐形经历,那些我们觉得"是不是做过头了、有点不妙"的事情其实都是阅历。问题是我们是否把这些经历当作自己的阅历积累下来。很多人只是漫不经心地混日子,年龄增长了,阅历却丝毫没有提升。

作为经营者，更要努力扩大和加深阅历的范围，同时关注企业环境是否有助于员工积累阅历。不给年轻员工工作机会，或者即使给了机会，也没有让年轻员工按照自己的想法去完成，这就不会成为员工个人的阅历。单纯为执行上司的命令而行动，员工和机器又有什么不同呢。

在育人的过程中，最重要的是让对方按照自己的想法来发挥自主性，不管是经营者还是员工自身都不可忽视这一点。

经营不是变魔术

说话技巧的高低暂且不谈,作为经营者,最重要的是要实事求是,说真话。

比如,有时可能有人指责我:"这和你三个月前说的不一样呀,完全变了。"尽管如此,如果当前说的是事实,前后不一致也无所谓。哪怕今天所说的跟昨天说的完全不同,只要说的是事实,你的话就会具有说服力。

经营者必须始终站在真实的立场上行事,玩弄策略的经营者算不上真正的经营者。

就我来说,我做过很多事情,但明确的一点是,每个瞬间我都努力保持自己的立场真实。也许是因为这样,一路以来我几乎没有遭遇过反驳。

和工会沟通的过程中，我也努力让对方明白问题的关键所在。我是个说实话、做实事的人，这一点公司内部尽人皆知。

经营不是变魔术。没有敷衍搪塞，只有脚踏实地完成每一项工作，最终才能得到别人的信任。

如果经营者没有这样的坚定信念，他的经营就是软弱无力的。

经营者不需要拥有最渊博的知识，甚至可以没有最优秀的技术和头脑，但是必须有基于实事求是的态度开展经营的使命感，在这一点上不能输给任何人。只有这样，员工才会全力以赴。

靠知识经营也好，靠技术经营也罢，这么做的都不是真正的经营者，就算勉强完成了工作，这样的经营者也不可能到达综合经营的顶端。

现在回想起来，这可以算得上我作为经营者的一个信念。

经营者是员工瞩目的焦点

据说有位将军打仗时即使战况胶着,他始终坚信"这场战争我们一定赢、赢、赢!",最终一般都会取胜。将军的信念坚定,部下自然会明白,干劲大增,斗志也会高于平时,自然就会大挫敌人。

相反,如果将军有"这场战役可能赢不了吧"的想法,本来能赢的战役最终也会一败涂地。虽然我没有实际打过仗,但我十分认可这一点。

这一道理同样适用于商业和经营。遇到困难的时候,最重要的是经营者要有"我可以克服困难,一定可以"的信念,如果没有这种想法,克服困难将极其困难。

假设企业遭遇经济萧条,一个订单也没有,这时就需要经营者挺身而出,避免公司员工继续消沉。"虽然没有订单,明天设备可以停工,但是我们不能休息,大家练练相扑培养力量、锻炼勇气吧",或者"即使休息也不能丢了手艺。为了提高本领,咱们去外面找点铁料练练手吧"。像这样,经营者通过积极的话语鼓舞员工的士气,给员工以希望。如果这种时候,经营者向员工发火,抱怨"真不好办啊",事态只会越来越糟。

经营者是员工瞩目的焦点。经营者一定要时刻注意自己的身份,任何情况下都不能失去旺盛的经营热情。

以永不退缩的决心开辟坦途

石油危机爆发之后，经商环境不断恶化。情况瞬息万变，前景难以捉摸。尽管如此，经营者还是要努力"见招拆招"。一旦采取不恰当的经营策略，企业这艘大船可能瞬间被击沉。那是一个非常困难的时代，大敌当前，商场宛如战场，随时可能战死"沙场"。

这样的困难，或者说经济衰退有时五年一次，有时十年一次，有时半个世纪一次，在当时的社会和世界背景下多次爆发。那么当时的经营者又是怎么闯过来的呢？

国家和经济形势不同，解决方案自然存在差别。但是与地点和时间无关，有一件事是不会改变，那就是经营者基于自己的自觉，以最大的努力勇敢面对困难，在"战场"英勇厮杀。没有勇猛的精神，只有死路一条。

经济衰退就像大风暴。面对暴风骤雨更需要前进，逆水行舟不进则退，企业的经营不允许任何逃避。即使内心有一万个不愿意，经营者也必须挺身而出。

为此经营者要有所觉悟，做好准备，带好结实的"雨伞"和"雨具"，穿上厚厚的"防寒服"。

从我个人的经历来看，只要我冷静地思考，准确判断"风雨"的强度，总有办法打着伞走出困境。有时我也想找个地方躲避"风雨"，但是作为经营者只能下定决心，不能逃避，再难也要向着暴风雨前进，总有一条道路会等着你。

身处困境也要鼓起士气,唤醒快要崩溃的自己,为了目标拼命努力,总会激发解决问题的智慧。

如果自己实在没有智慧,你可以向前辈,甚至是竞争对手请教。"我们的处境很艰难,有什么好办法吗?"这样推心置腹地与对方商量,即使是竞争关系,对方也会给我们一些建议,这也是我一直以来能够找到出路的方法。

面对当今严峻的环境,经营者首先要有不能退缩的觉悟,付出最大程度的努力,勇敢面对问题,这是应对当今艰难时期的第一步。

紧急情况下能否向员工筹款

在做生意和企业经营的过程中,总有发展不景气陷入困难、企业资金不足的时候,想从银行借钱也不一定借得到。这时我就会思考:"我们公司现在有多少员工呢? 有1500人。他们有多少钱呢,虽然因人而异,但平均10万日元左右都应该有吧。如果向每人借10万日元,就有1亿5000万日元,这足够公司渡过难关了。"自己心中开始有了底气。

话虽如此,实际上我并没有对员工说"能借给我钱吗?"之类的话。话虽然没说,但我心中清楚,紧急情况下,员工会借钱给我,主动伸出援手。这种想法体现在言行上,员工听了自然也会认真考虑,最终理解我的想法,好多次不需要借助员工的资金就渡过了难关。我想这是因为日常的经营活动中,我经常向员工表明"公司是大家的"这种想法。一旦遭遇紧急情况，我才有底气说出"我自己出钱，大家也出钱，大家一起来筹钱挽救公司吧"这种话。

所以银行不借钱也无须担忧。企业如果有1000名员工，每人1万日元也有1000万日元。每人2万日元的话可以募集到2000万日元。重要的是经营者有没有紧急情况下向员工筹款的想法，而员工会不会出钱、同不同意筹款，这才是问题所在。

换句话说，最重要的是经营者的信念。平时要多向员工和工会渗透"公司是大家的，大家也有责任为公司付出。平时大家经常要求涨工资之类的，这种时候也要为公司付出呀"之类的想法。

我从来不怀疑员工会借款给我这一点，我始终相信，在紧急情况下，全体员工会帮助公司渡过危机。

幸运的是，直到今天松下还没有遇到这样的情况，但是无论什么时候，信念都极其重要。特别是在非常时期，经营者一定要反思自己是否有这样的信念。

你愿意为部下牺牲吗

有一句古话叫"一将功成万骨枯",我对这句话非常赞同。统领天下者手下众多,也正是牺牲了很多人才最终一统天下。对于当权者而言,重要的一点是,在紧急情况下即使军队都落荒而逃,自己也要殿后,为将士们撤退创造机会,具备可以为大家而牺牲的觉悟。没有这样的觉悟,手下就不会为其卖命,结局只会失败,无法取得成功。

做生意和经营企业也是同样的道理。经营者需要具备多种素质,但最重要的一点是自己是否有为部下牺牲的觉悟,员工是否感受到了经营者的想法。如果没有这样的诚意,部下不从心底敬佩经营者,自然不会为公司付出一切。经营者如果没有这种觉悟,很可能心生畏惧,因为莫名的原因训斥员工,导致公司内部混乱。

经营者必须具备时刻为部下牺牲的觉悟,这一点很重要。话虽如此,现代社会与战国时代截然不同,打打杀杀的情况并不常见。但是这种觉悟如果没有融入日常经营,公司就很难强劲发展了。

公司的困难时期就是考验经营者心性的试金石。

不断激励自己

我平时经常强调："经营者必须有信念，有使命感。"但是，要想始终如一地保持这种信念和使命感其实是很难的。

就我而言，创业的初衷就是为了养家糊口。但是一年、两年，随着时间的流逝，随着公司员工的不断增加，我不得不开始思考企业使命问题。我意识到不能再像以前那样一年到头只知道埋头干活儿了，不管是为了激励我自己，还是为了鼓舞员工，公司都应该具有自己的理想和使命感。换句话说，这种理想和使命感是基于需要才产生的。

我开始按照自己的想法向员工宣传理想和使命感的重要性。虽然是对员工的要求，但是我自己的信念和使命感必须超越其他人，这样才有资格发声。其实在这一过程中，我也经常受挫，内心常常苦闷不已。

烦恼之后，我又重新鼓起勇气和员工交流。这种周而复始的过程坚定了我的信念和使命感。

人之为人，越是跟别人强硬，强调"我就是这样的！"，其实内心越苦闷。这时就需要通过自问自答的方式，提醒自己要有超越常人的信念。越是懂得自我批评的人，越能激励自己。这样反复积累下去，一旦发生紧急情况，头脑中就会浮现出清晰的解决方案。从这个意义上来说，无论身处哪条道路，人生和工作的修行都不会停止。

烦恼才是经营者的价值所在

当下我们身处"不确定的时代",未来难以预测,经营者的烦恼也不断增多。但是严格来说,不是只有现代的经营才有这种烦恼。以前有,未来也有,这就是现实。

越是让人烦恼不断、波澜万丈的社会,心怀大志、立志创下一番事业的经营者越乐在其中。这样的人在混乱的时代中努力拼搏,世界越是风云变幻,他越是大展拳脚,对工作也更有兴趣,勇气凛然。

相反,胸无大志的人就会被时代所左右。这样的人在时代的动荡中随波逐流。如果企业的经营者是这种人,公司可能就岌岌可危了。

在我看来,经营者无论面对怎样的事态,都必须有"这是命运"的觉悟。

据说古代的武士一出门就会遭遇 7 个敌人，随时都有可能遭遇突发状况而丢掉性命，所以一刻也不能掉以轻心。这就是作为武士的觉悟，有了这种觉悟才堪当大任。

相比武士，现代经营者需要具备更高的觉悟。可能被断送的不仅仅是自己的生命，更有可能是企业的命运，经营宛如走钢丝，经营者应该充分认识到这一点。

每天悠闲度日、顶着经营者名号碌碌无为的人并不是真正意义上的经营者。酒过三巡，你是否还能感受到自己肩上承担的重任和风险呢？意识到这一点，杯中的美酒还能轻松下肚，这才是合格的经营者。一旦感受身上的重担就忧心忡忡，美酒也无法下咽，这是失败的经营者。

公司有一万名员工，社长就要背负一万人的烦恼。有时因为担心而晚上睡不着，因为睡不着感到痛苦烦恼，这种痛苦就是社长的价值所在。没有哪个社长可以终日无忧无虑，完全不担心公司发展。睡不好、心中烦闷是社长的常态，是社长的价值所在，希望现在的经营者可以摆正立场。

左手政治，右手经营

对于经商和从事经营的人士来说，和以前相比，现在的生意越来越难做，光靠自己的努力和力量往往无济于事，不安和焦虑与日俱增。

之所以这么说，因为过去的政治和经济是分开的，经济的事情经济界自己做。但是现在，政治和经济一体化倾向明显，政治左右经济的情况越来越多。无论经济界怎么努力，光在自己的一亩三分地已经无法解决问题，不同的烦恼、不安自然不断增加。

不仅如此，当下的政治也越发扑朔迷离。政治的基本方向、国家运营的基本目标模糊不清，纸上谈兵的倾向更加明显，经济界和一般国民往往丈二和尚摸不着头脑，内心自然感到不安。

希望政府可以明确今后的发展方向,这样经营者也会轻松一些。

不过即便方向并不明确,作为企业的掌舵人,经营者也不能守株待兔。经营者要从各自的立场出发,努力明确力所能及范围内的事情并付诸实践。

也就是说,无论国家如何,公司都要有自己的方针,要在胸怀天下的基础上有自己的独立思考。这样即使政治上出现困难,经营者也可以贯彻自己的理想信念,和产生共鸣的同人携手前进,寻求部分层面的稳定。

只有这一点还远远不够。经营者应当作为经济人士和国民勇敢发声,讲出自己希望的政治形态和发展方向,大胆提出诉求和提案。身处当今社会,不发声就不可能解决问题。和公司经营一样,经营者也要多多表达对政治的诉求和想法。

经营者的参与逐渐扩大,也许很快就会达成关于国家方针的共识。

当今社会的经营者要学会践行"左手政治,右手经营"。

生意没有困境

据说在日本的战国时代，堺[1]一带的商人一边与织田信长交易，一边还和织田的敌人——毛利家做买卖。对于生意人来说，只要买我们的商品，对方就是我们的顾客，完全没有必要区分"敌我"，这就是堺地商人的秘诀。

从做生意的角度来看，我完全赞同这种做法。商人的使命是销售商品，不能因为不喜欢客人就不卖，也不能因为自己喜欢就卖，这都是做生意的大忌。与个人的喜好无关，做生意重要的是要讲究公平，先祖们一直坚守这一原则。

当然在某些情况下，这样的做法很容易被误解

1　地名，大阪府下辖的市。在日本的战国时代，这里商业发达，是繁荣的贸易港。——编者注

为帮助敌人，甚至招致杀身之祸。但是商人不应惧怕自身的危险，做生意就要堂堂正正。

不仅仅是堺的商人，几千年来，商贾之人穿梭在战乱的街头巷尾，是冒着随时有可能被击中的风险在坚持做生意的。虽然现在我们所处的环境很艰苦，但是相比于过去还算轻松。也许局势混乱，经济萧条，但是我们所处的国家当前至少没有战火，也没有生命危险，我们要努力保持自身稳定，避免随波逐流。

为了做到这一点，我们应该向堺地商人学习。我们要牢牢抓住生意的本质，了解商人的使命，寻找稳定的环境，探寻适合自己的领域，在此基础上开展生意，不断获得勇气和智慧。

从本质上来看，人类社会并没有所谓的"困境"。从远古时代开始，人类延绵发展了几百万年，从来没有因为陷入僵局而灭绝。今后也是如此，我们要不断发现并解决各种现实问题。也许这并不是一件容易的事情，但是经营者必须勇于直面动荡的时代，拥有坚定的信念。

人生大戏的主人公是自己

严峻的形势之下,相信很多同行心境复杂、百味杂陈。大家可以试着像下面这样思考,也许情况会有所改变。

这个方法就是把自己的人生、工作现实等生活当成一场大戏、一部电视剧。

戏剧和电视剧非常有趣。人们会在看电视剧的时候忘记时间的流逝,也愿意花钱去看戏和电影,融入情节之中,和登场人物一起感受爱恨情仇,时而捧腹大笑,时而热泪盈眶。

但是仔细想想看,现实生活不也是一场戏吗?我们每个人都是人生大戏的导演、演员和观众,演绎出生动的人生大戏。

人生大戏远比舞台喜剧有趣。因为演出和表演都是自己,只要努力,内容会十分精彩。同时自己还是这部戏的观众,体会到的意义自然更加深刻。

要说舞台和荧幕上的戏剧是不是都有趣,我并不这样认为。有时因为故事单调,没有波澜,亮点很少,观众可能完全不感兴趣。故事越是富于变化,情节越是跌宕起伏,让人捏一把汗,才越有意思。

人生大戏正好兼具了这些特点。相比于平平淡淡的背景,动荡的社会舞台也更加有趣,耐人寻味。

仔细想来,当今的社会形势和经济变化本身就是一场大戏。这是一个前所未有、充满荆棘而变化多端的时代，一部前所未有的波澜壮阔的大戏正在上演。

在这部戏中，我们每个人都是主演。作为演员的责任，或者出于对成为主演的感恩，我们更要提高自己的演技，感悟戏剧的深层内涵，这些价值无法估量。

面对困难，人往往充满不安和担忧。出生在这样的时代，有人感叹，有人愤慨，有人抱怨，这都是人之常情，却又无可奈何。而且心情低落的话，面对困难也很难发挥才智。

所以我想把今天这个艰难的世界当作一场身边的大戏，自己就是大戏的主角。社会越是动荡不安，我们的表演就越精彩。我们身处于最有价值、最有趣的时代,这样去思考,内心就会涌起巨大的喜悦,整个人也会兴奋起来,有益于我们冷静地找到解决问题的方法,而不是胆怯不前。

体弱和长寿是两回事

我今年85岁了。值得感恩的是我很健康，每天忙于工作，生活紧张而充实。也许是这个缘故，经常有人问我"保持健康的秘诀"。仔细想想，我好像没有什么特殊的方法，所以也没有什么太好的答案，因为我天生就是"蒲柳体质"，从小体弱多病。

我是八个兄弟姐妹中的老小，男孩中排行第三。小时候家道中落，一贫如洗，相差一年的时间，两个哥哥和二姐相继过世。剩下的姐姐后来也早亡了两个，我十五六岁之前，八个兄弟姐妹中五个夭折，其中三人因为结核病过世。

正因为如此，成年以后我也对自己的健康多少有些担心。不知怎的，18岁那年，我也因为工作劳累过度而出现吐血症状。那时我在电灯公司工作，工资按日结算，也没有现在这样的社会保障制度，因为不能上班，家里的经济状况顿时吃紧，我想养病也无法安心。

既然这样，我下定决心尽人事听天命，尽量多休息，过上了上三天休一天、上一周休两天的生活。不可思议的是，一年半之后我的病情居然稳定了。虽然没有完全康复，但是至少不再恶化。我被逼到最后的边缘，抱着死马当作活马医的想法好好珍惜身体，居然收获了这样好的结果。

因为身体虚弱，我辞去了公司的工作，自己独立创业，四十多岁之前一直忙碌奔波。年轻的时候有人认为我很难活到50岁，结果我现在却迎来了人生的第 85 个年头。

这样看来，所谓的体弱多病和健康长寿其实是两回事。每个人与生俱来的体质都不同，身体情况不一样。就像世上没有完全相同的两张脸一样，人的身体素质也有高有低。体弱之人可以顺应自己的情况，采取与之适应的生活方式，虽然活动方式和体质好的人不同，但也有可能保持长寿。

正视自己与生俱来的体质，顺应自然保重身体，这一点十分重要。虽然之前是不得已而为之，但是顺应天地自然的道理也许不仅适用于健康，也适用于任何事情。

青春是心灵的年轻

十几年前开始,我就将以下这段话当作自己的座右铭:

青春

青春是心灵的年轻,

充满信念和希望,心中充满勇气,

日日新,如此坚持不懈,

青春就永远属于那个人。

这是我受邀在一个成人式上发表演讲时,怀着对年轻的感慨创作出来的。

这段话中充满了渴望永葆青春的希冀,同时也告诫人们要保持年轻。肉体的年龄逐年增加,这一点无法改变,但年轻的心是一种心态,而且一定会有所显露。我始终坚信:只要没有失去前进的勇气,年轻的心也会一直随行。

艺术家就是一个很好的例子。很多艺术家八九十岁依然坚持每天创作,在现场挥毫泼墨,而且这样的艺术家并不在少数。与凌驾在组织之上的经营者不同,艺术家没有所谓的退休和退居二线之说,只要活着,就会继续自己的艺术生涯。很多艺术家经常剖析自我,探索前进的道路,迸发前进的能量。艺术家只能依靠自己,而这种紧张感能帮助艺术家保持年轻,产生动力。

虚岁 80 岁那年,以此为契机,我卸任会长一职,担任公司的咨询顾问。时值松下电器创业 55

周年，我认为是一个做出抉择的合适时间点。当然，我只是卸任会长，并没有退居二线的打算，不是不退，是不会退。

现在日本的经济主要由明治（1868—1912年）、大正（1912—1926年）、昭和（1926—1989年）三个时代出生的人支撑（本书出版于1980年——译者注）。从数量上来说，昭和时代的人士占绝大多数，而明治时代出生的一代，最年轻的也已将近70岁，不少人已经退出了一线。

退或不退是个人的自由。但是现在的社会形势和经济环境并不完善。即使离开了职场，明治时代人士的丰富经验和知识对社会发展也大有裨益。

我个人没有品茶之类的爱好，脑海中每时每刻想的都是公司的发展,很难彻底闲下来。据说日本伟大的画家葛饰北斋(1760—1849年)九十岁高龄去世前遗憾地表示:"我还想再活十年,活到一百岁,我还有很多事情要做……"我也希望自己可以以一颗年轻的心活到21世纪。

后 记

做生意的诀窍、经营的诀窍并不只有一个。即使基本思路相同，有多少经营者就会有多少种不同的实践形式，每个经营者的方式都不尽相同，也不可能相同。

每个人都有自己独特的个性和风格。在遵循基本思路的基础上，重要的是各自发挥个性和特色，因地制宜地应用于经营和生意中。在此基础上，事业会强劲发展，社会也会不断进步。

正如前文提到的那样，本书介绍的只是我个人的做法和思考，虽是过去 60 年的经验结晶，也不过是茫茫沧海中的一粟。希望各位读者可以结合自身实际，推动事业再创新高。希望本书对各位读者的事业发展有所帮助。

图书在版编目（CIP）数据

经营诀窍：松下幸之助的"成功捷径"/（日）松下幸之助 著；艾薇 译.—北京：东方出版社，2024.3
ISBN 978-7-5207-3602-2

Ⅰ.①经… Ⅱ.松… ②艾… Ⅲ.①松下幸之助（1894-1989）—商业经营—经验 Ⅳ.① F715

中国国家版本馆 CIP 数据核字（2023）第 150137 号

KEIEI NO KOTSU KOKONARI TO KIZUITA KACHI WA HYAKUMAN RYO
By Konosuke MATSUSHITA
Copyright © 2001 by PHP Institute, Inc.
All rights reserved.
First original Japanese edition published by PHP Institute, Inc., Japan.
Simplified Chinese translation rights arranged with PHP Institute, Inc.
through Hanhe International (HK) Co., Ltd.

本书中文简体字版权由汉和国际（香港）有限公司代理
中文简体字版专有权属东方出版社
著作权合同登记号 图字：01-2023-2522 号

经营诀窍：松下幸之助的"成功捷径"
（JINGYING JUEQIAO SONGXIAXINGZHIZHU DE CHENGGONG JIEJING）

作　　者：	［日］松下幸之助
译　　者：	艾　薇
责任编辑：	刘　峥
出　　版：	东方出版社
发　　行：	人民东方出版传媒有限公司
地　　址：	北京市东城区朝阳门内大街 166 号
邮　　编：	100010
印　　刷：	番茄云印刷（沧州）有限公司
版　　次：	2024 年 3 月第 1 版
印　　次：	2024 年 3 月第 1 次印刷
开　　本：	787 毫米 ×1092 毫米　1/32
印　　张：	4.125
字　　数：	36 千字
书　　号：	ISBN 978-7-5207-3602-2
定　　价：	54.00 元
发行电话：	（010）85924663　85924644　85924641

版权所有，违者必究
如有印装质量问题，我社负责调换，请拨打电话：(010) 85924602　85924603